Franz LISZT
Piano Concerto No. 1
S. 124
(1849)

Study Score
Partitur

SERENISSIMA MUSIC, INC.

INSTRUMENTATION

Piccolo

2 Flutes

2 Oboes

2 Clarinets (in B-flat)

2 Bassoons

2 Horns (in E-flat)

2 Trumpets (in E-flat)

3 Trombones

Timpani

Percussion

(Triangle, Cymbals)

Violin I

Violin II

Viola

Violoncello

Bass

Duration: ca. 19 minutes

First Performace: February 17, 1855
Weimar: Weimar Staatskappelle
Hector Berlioz, conductor
Franz Liszt, piano solo

ISBN: 1-60874-004-8

This score is an unabridged reprint of the score
issued in *Franz Liszt's Musikalische Werke, Serie I, Band 13*
under supervision of the Franz Liszt Stiftung
Leipzig: Breitkopf & Härtel, 1914, plate F.L. 27

Printed in the USA
First Printing: May, 2010

Dedicated to Henry Litolff

Piano Concerto No. 1
S. 124
(1849)

Franz Liszt
(1811–1886)

*) Das Streichquartett soll durchgängig vollständig besetzt bleiben und nicht in Solo und Tutti geteilt werden, ausgenommen an den Stellen, wo dies besonders bezeichnet ist.
 The string quartet is to remain throughout in full strength and is not to be divided into solo and tutti, except in those places where this is specially indicated.
 On fera jouer le quatuor au complet, ne le divisant en solo et tutti que dans les passages où ce procédé est spécialement indiqué.
 A vonósnégyes mindvégig teljes számú legyen, nem pedig solo és tutti-ra osztva, kivéve olyan helyeken, a hol ez külön meg van jelölve.

SERENISSIMA MUSIC, INC.

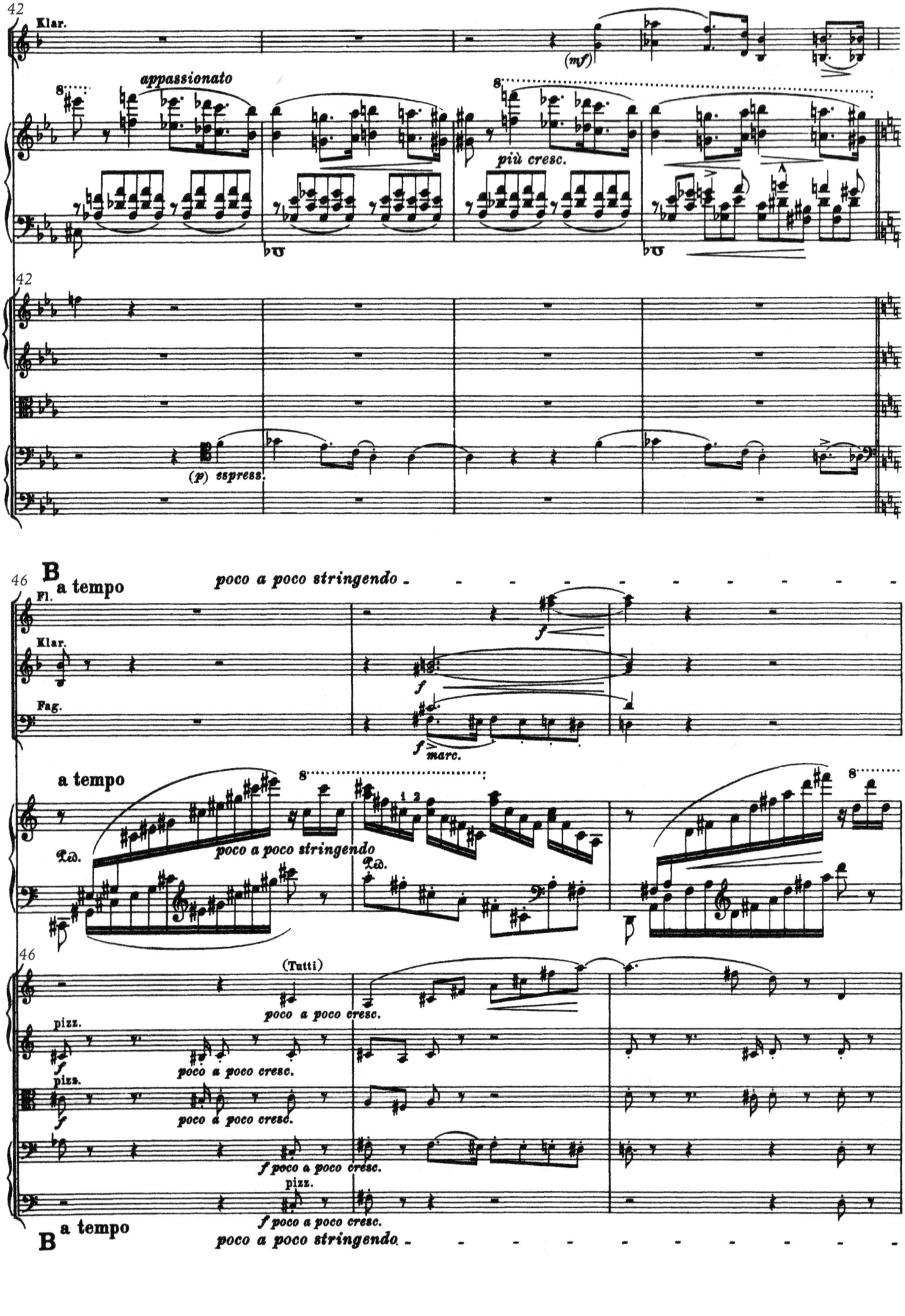
42
Klar.
appassionato
(mf)
più cresc.
42
(p) espress.
46
B
a tempo
poco a poco stringendo
Fl.
Klar.
Fag.
f
marc.
a tempo
Ped.
poco a poco stringendo
46
(Tutti)
poco a poco cresc.
pizz.
f poco a poco cresc.
B
a tempo
poco a poco stringendo

9

10

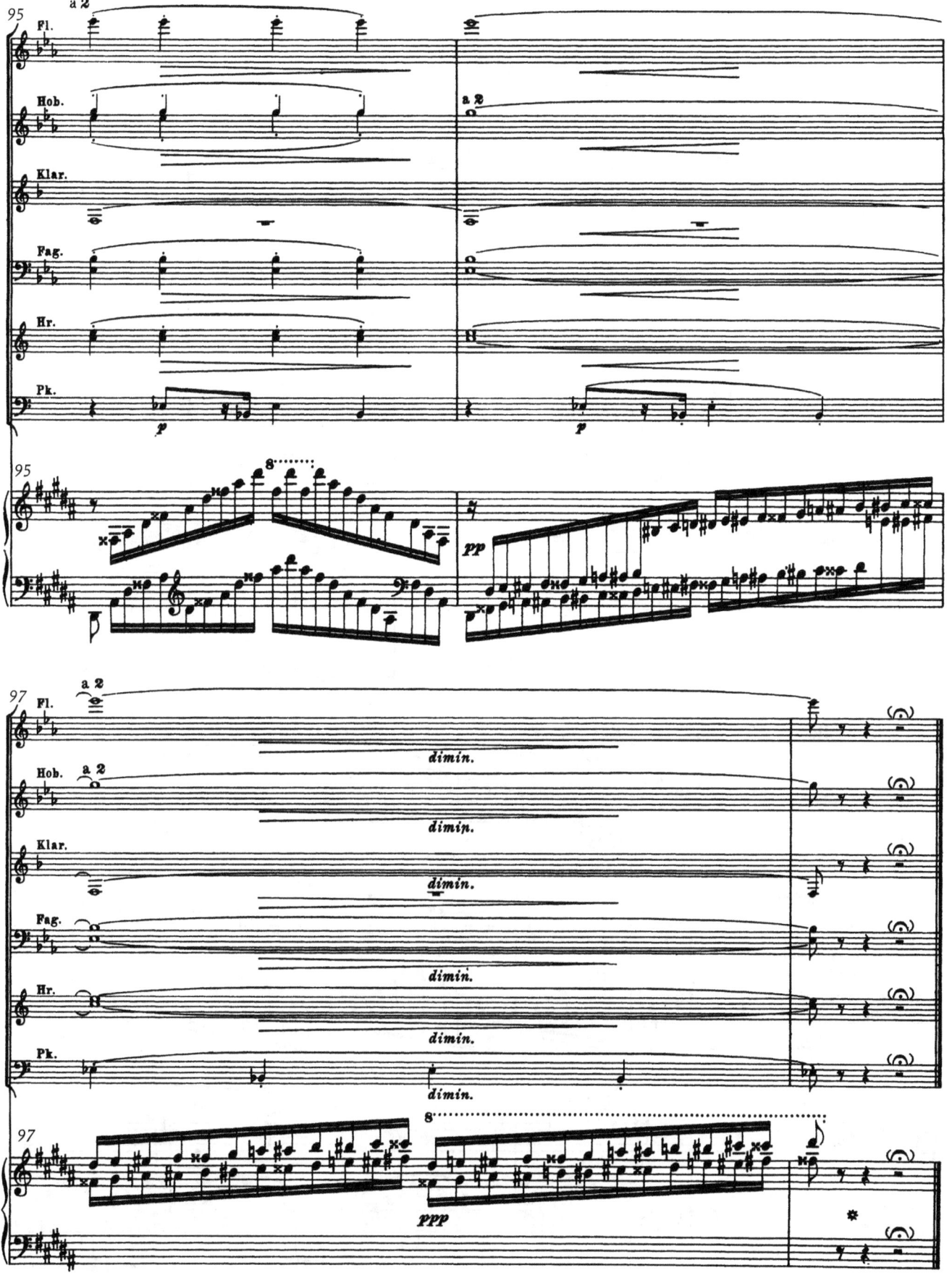

18

*) Die Tremolos in den Violinen und Bratschen sehr dicht, mit soviel Noten als möglich vibrieren lassen.
The tremolo in the violins and violas with very close vibrations, of as many notes as possible.
Les trémolos des violons et des altos seront aussi serrés et aussi vibrants que possible.
A hegedük és mélyhegedük tremolo-i a lehető legsűrűbbek legyenek.

20

*) Der Triangel soll hier nicht plump, sondern fein rhythmisch, mit klingender Präzision angeschlagen werden.
The triangle is here not to be beaten clumsily, but in a delicately rhythmical manner with resonant precision.
Prendre garde à ce que le triangle ne soit pas lourd, mais qu'il rythme avec délicatesse et, bien que sonore, soit précis
A triangulum ütései ne hangossanak durván, hanem finoman csengő pontos ritmizálásban.

**) Wegen Variante siehe Revisionsbericht und Flötenstimme.
As to Variante see Revisionsbericht and flute part.
Pour Variante voir Revisionsbericht et partie de flûte.
A variánst illetőleg lásd a Revisionsbericht-et és a fuvolaszólamt.

26

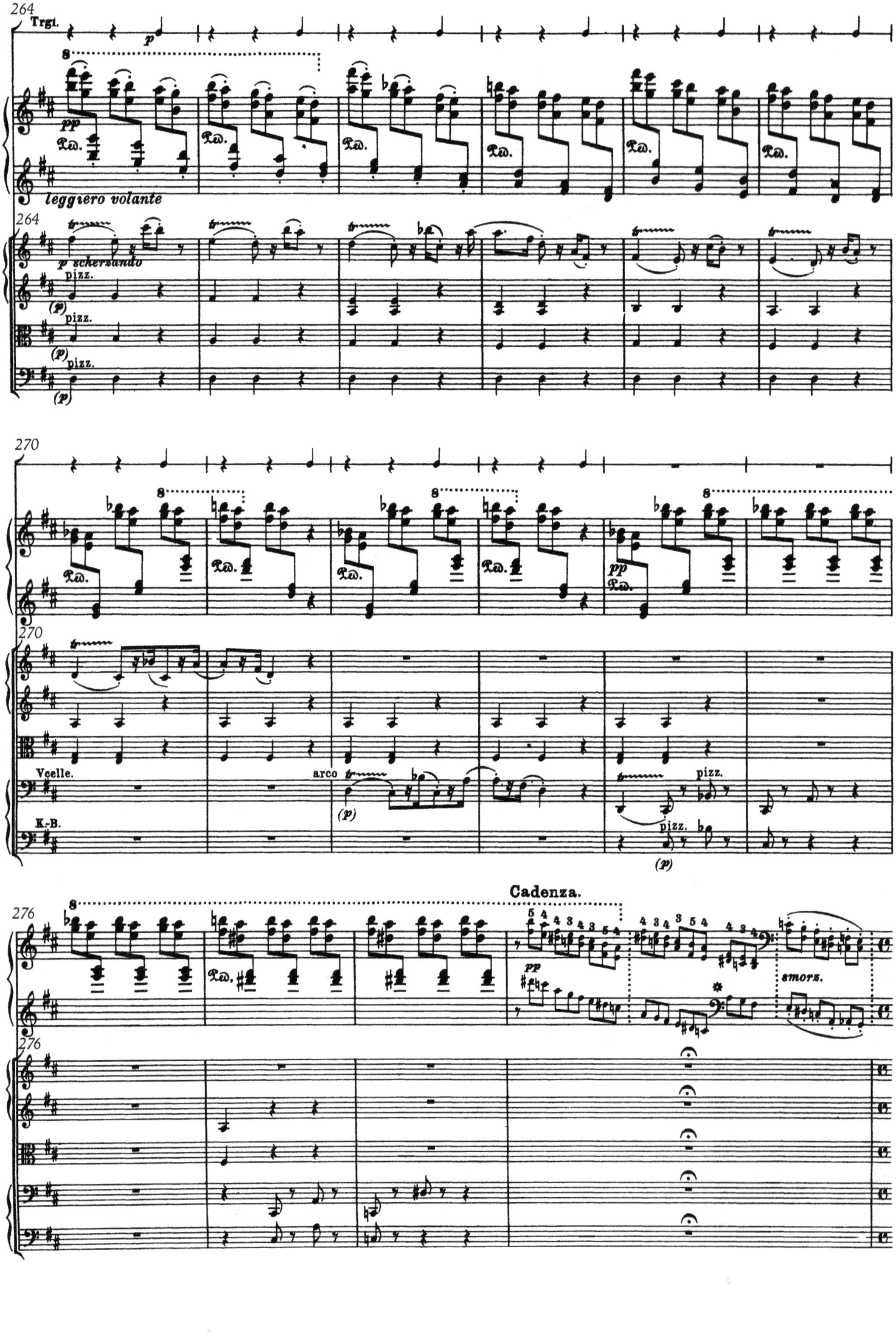
Trgl.
leggiero volante
p scherzando
pizz.
Vcelle.
arco
K.-B.
Cadenza.
smorz.

36

*) Den Rhythmus des ersten Motivs in der Pauke fein und scharf markiert.
The rhythm of the first theme in the kettledrum finely and sharply accentuated.
Les timbales marqueront avec autant de précision que de délicatesse le rythme du premier motif.
Az első motívum ritmusát diszkrét határozottsággal hangsúlyozza az üstdob.

38

39

43

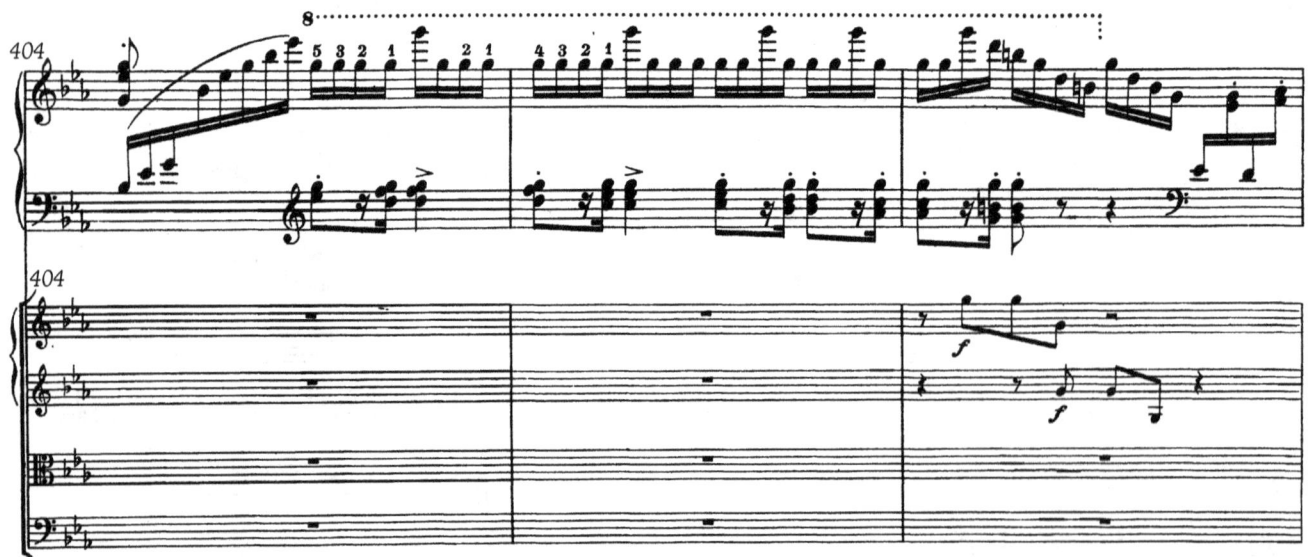

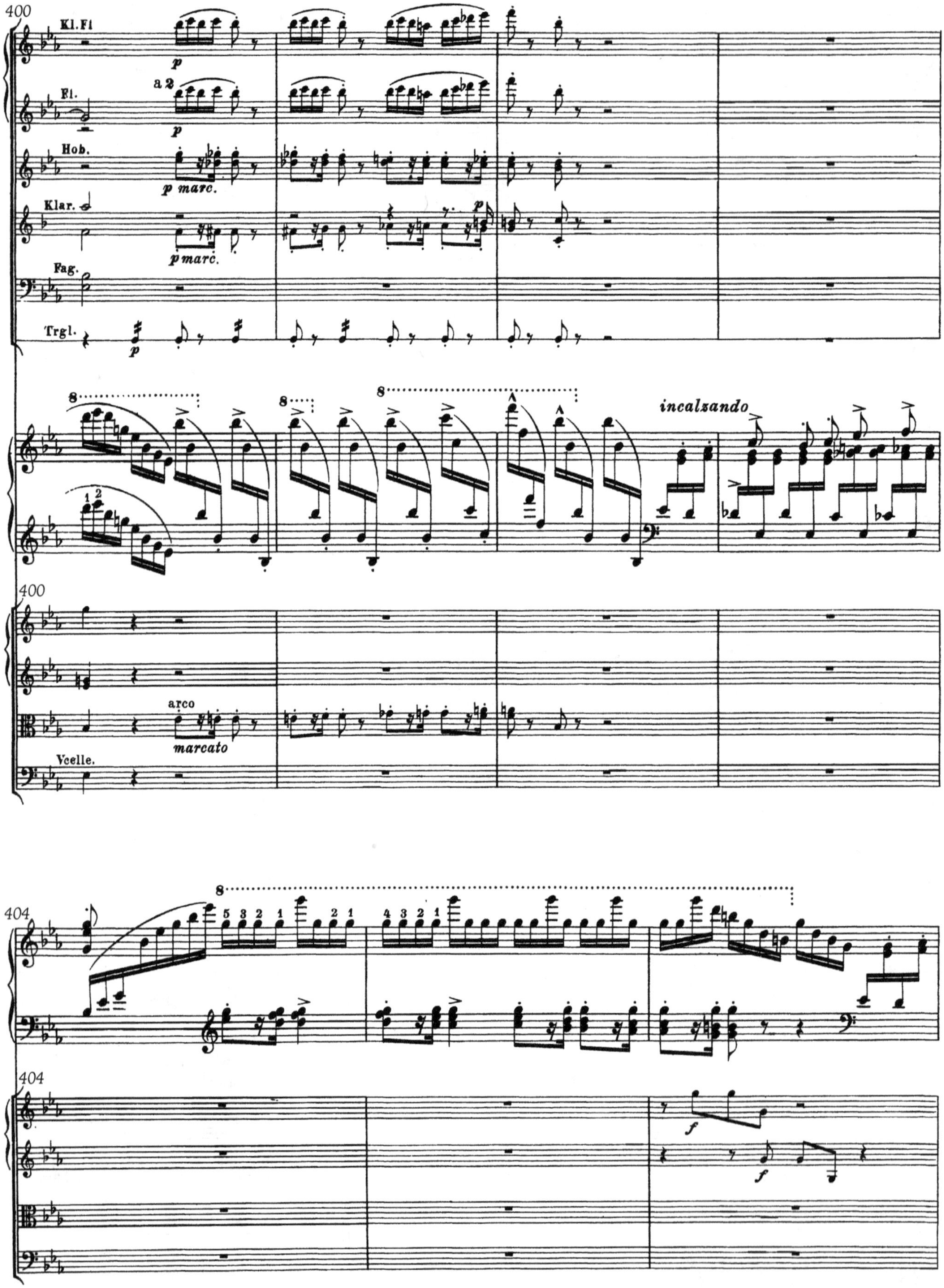
400
Kl. Fl
p
Fl.
a 2
p
Hob.
p marc.
Klar.
p marc.
Fag.
Trgl.
p
incalzando
400
arco
marcato
Vcelle.
404
404
f
f

53

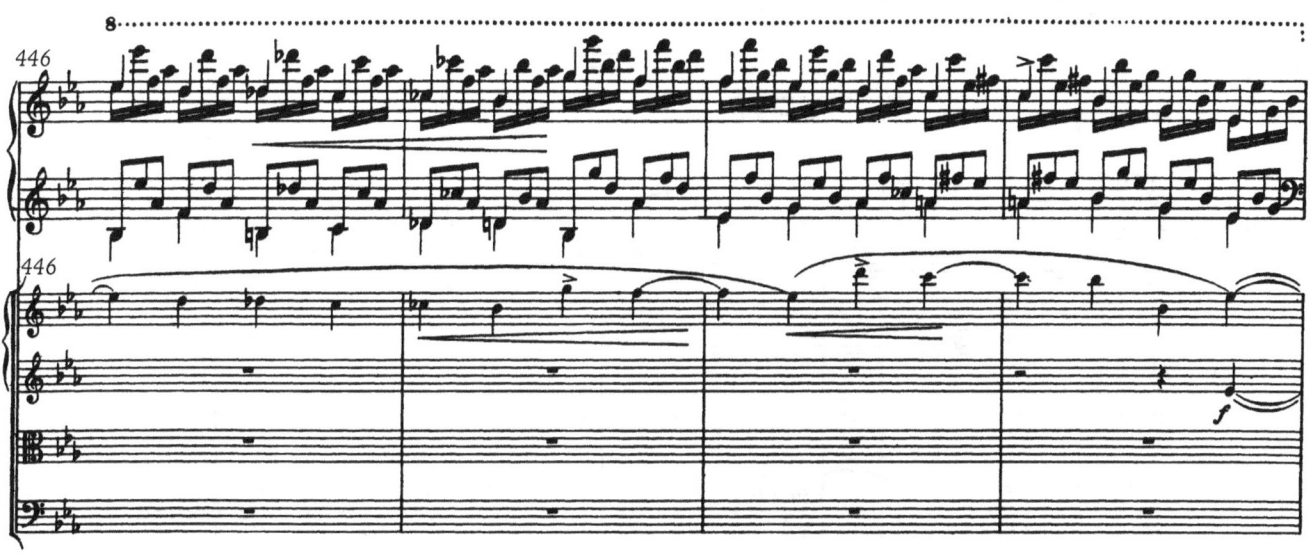

56